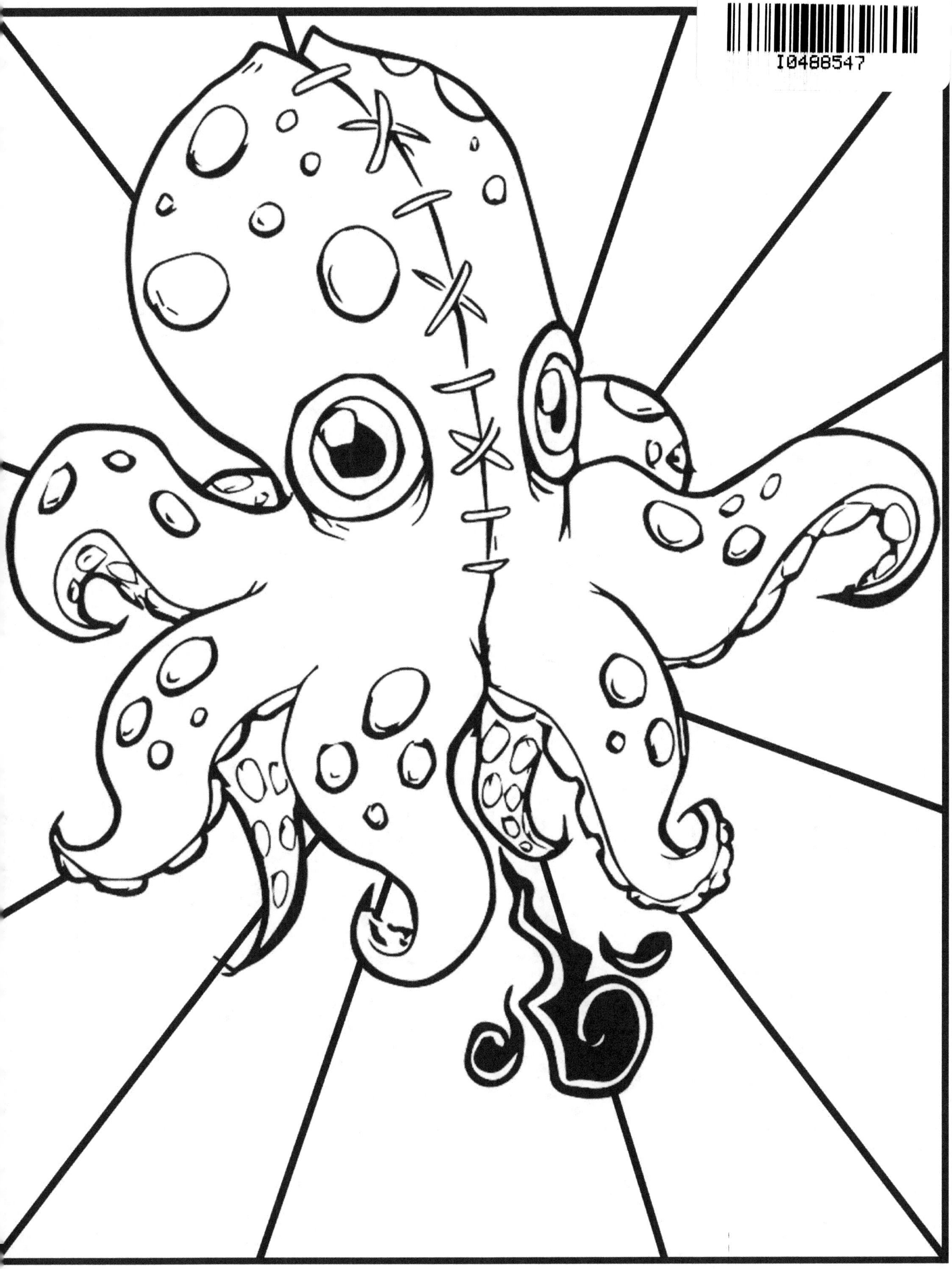

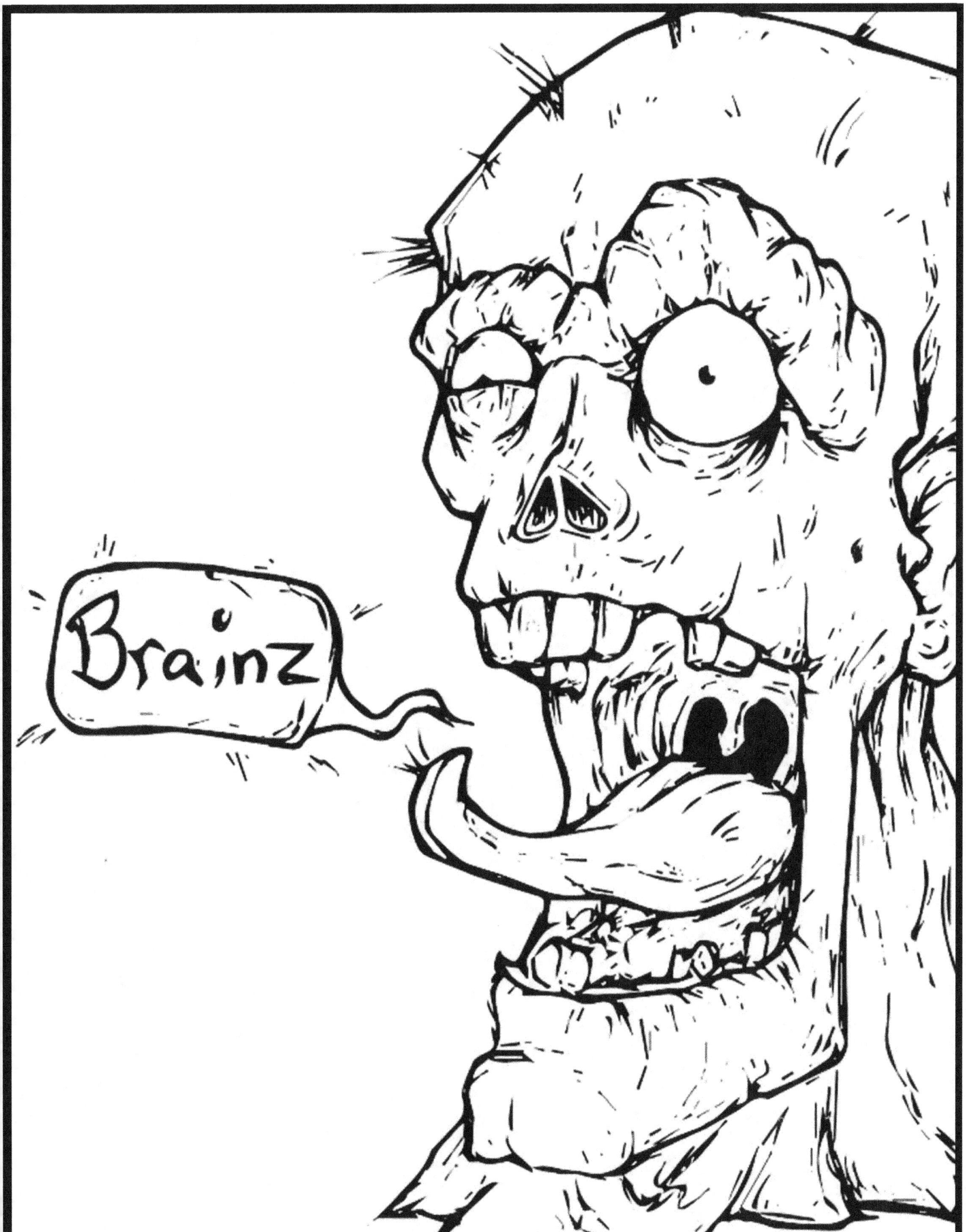
Brainz

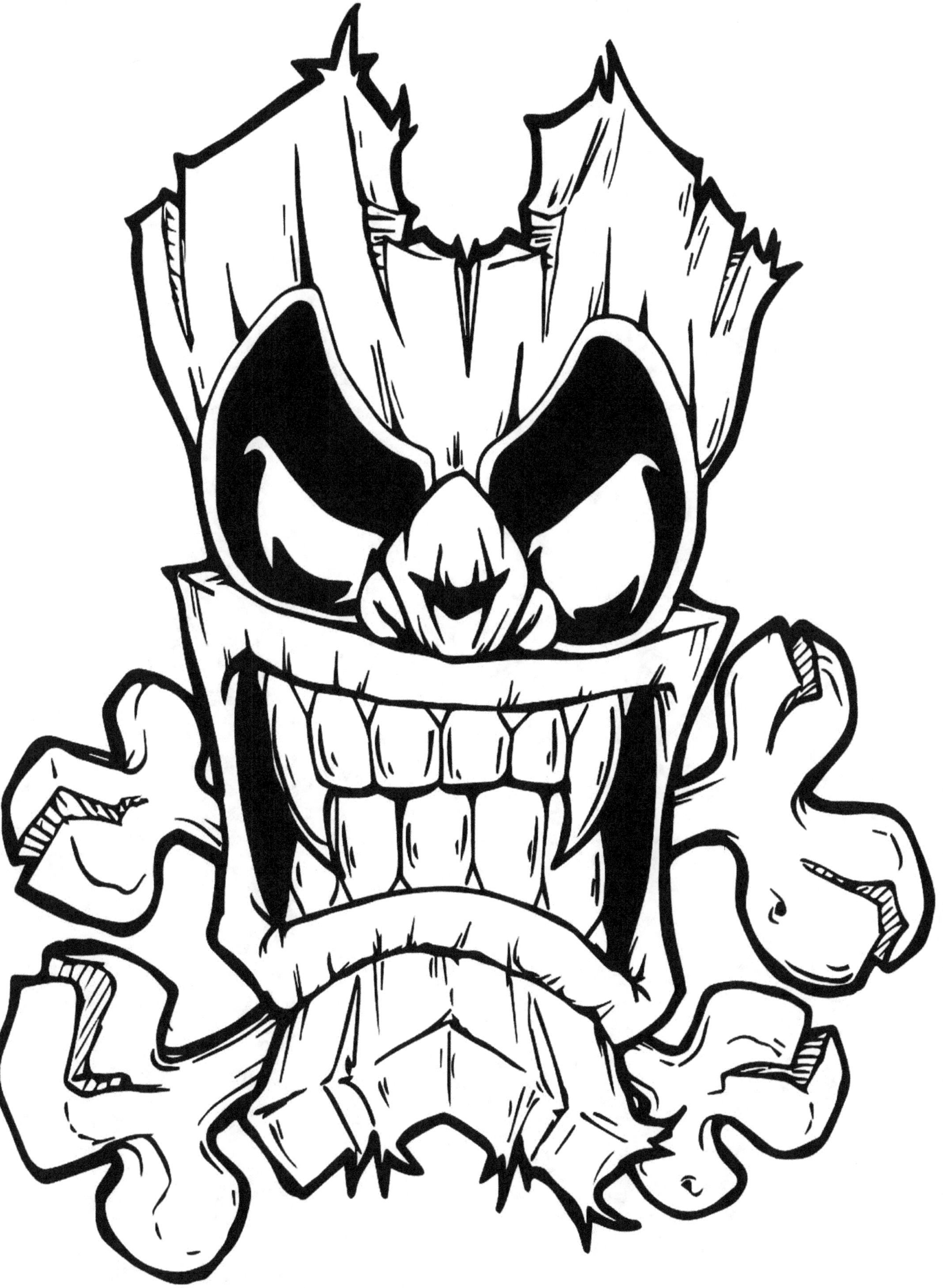

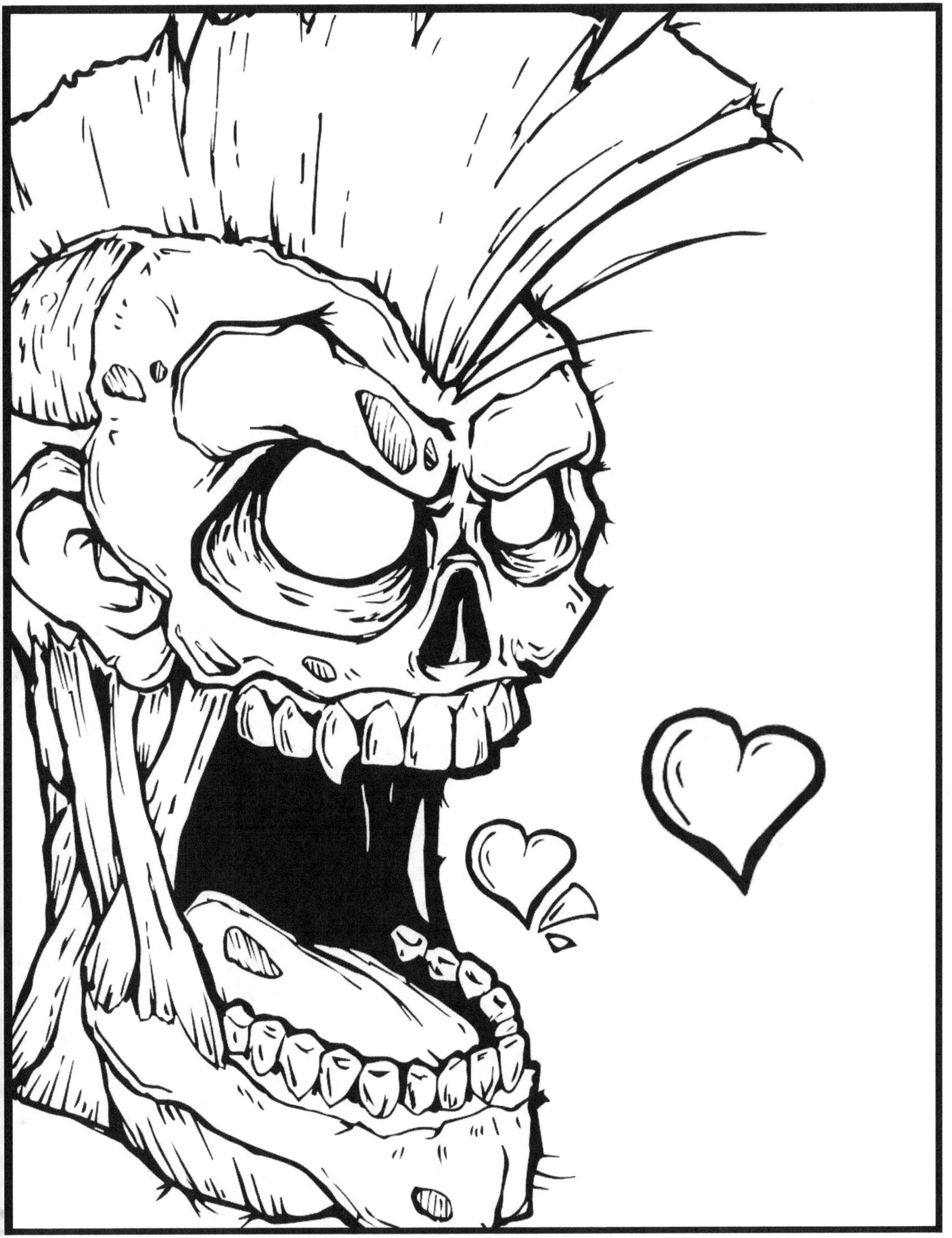

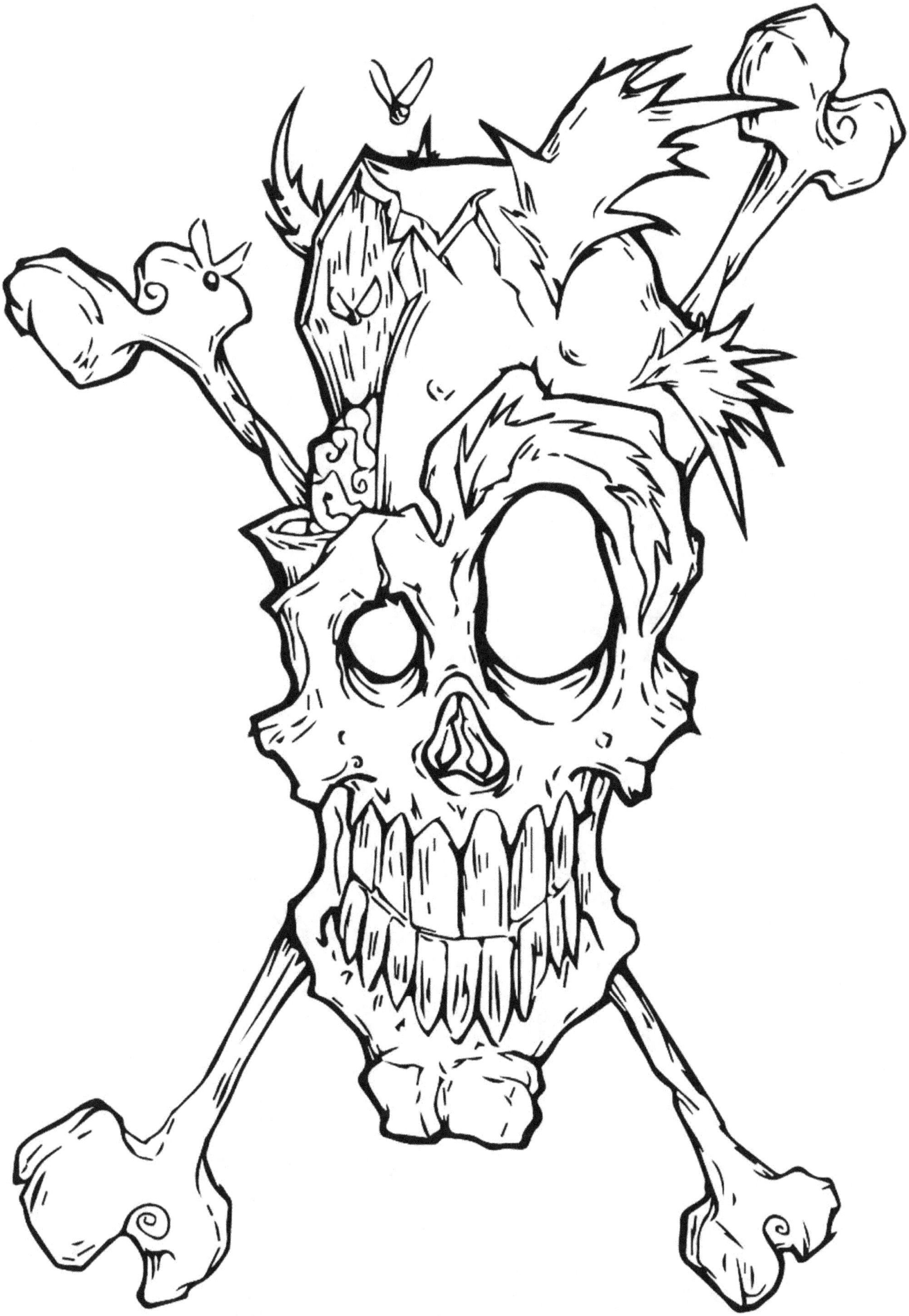

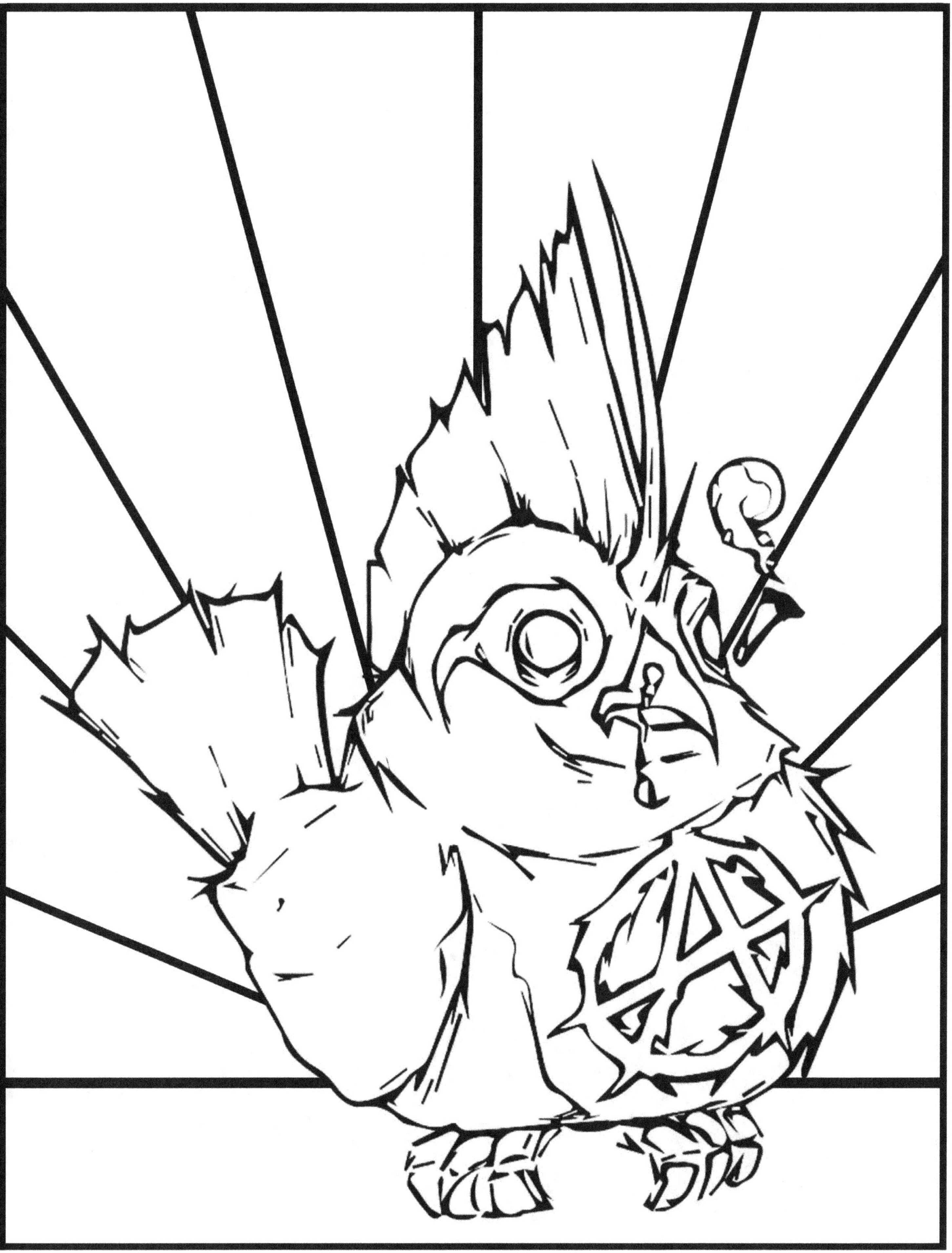

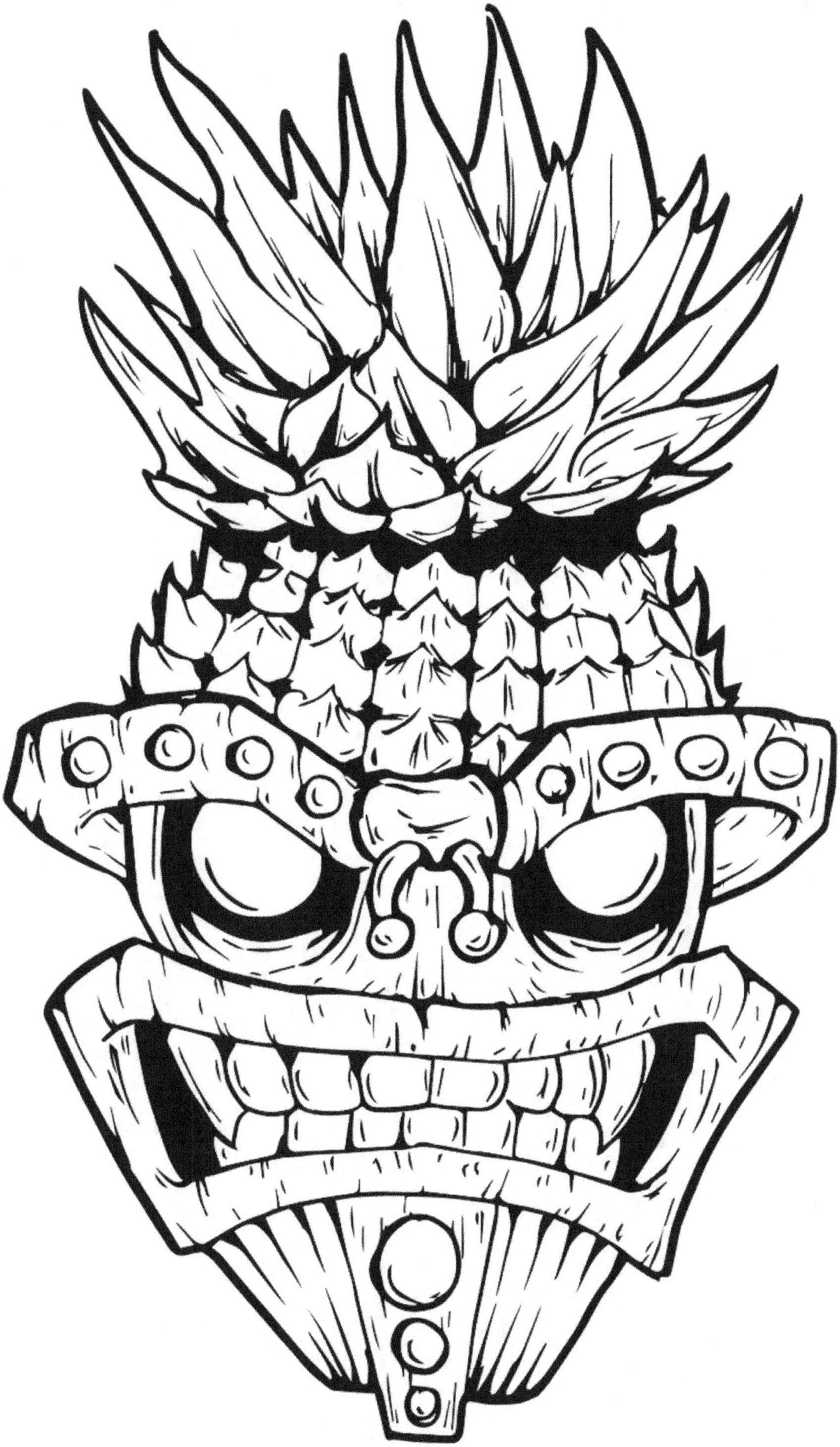

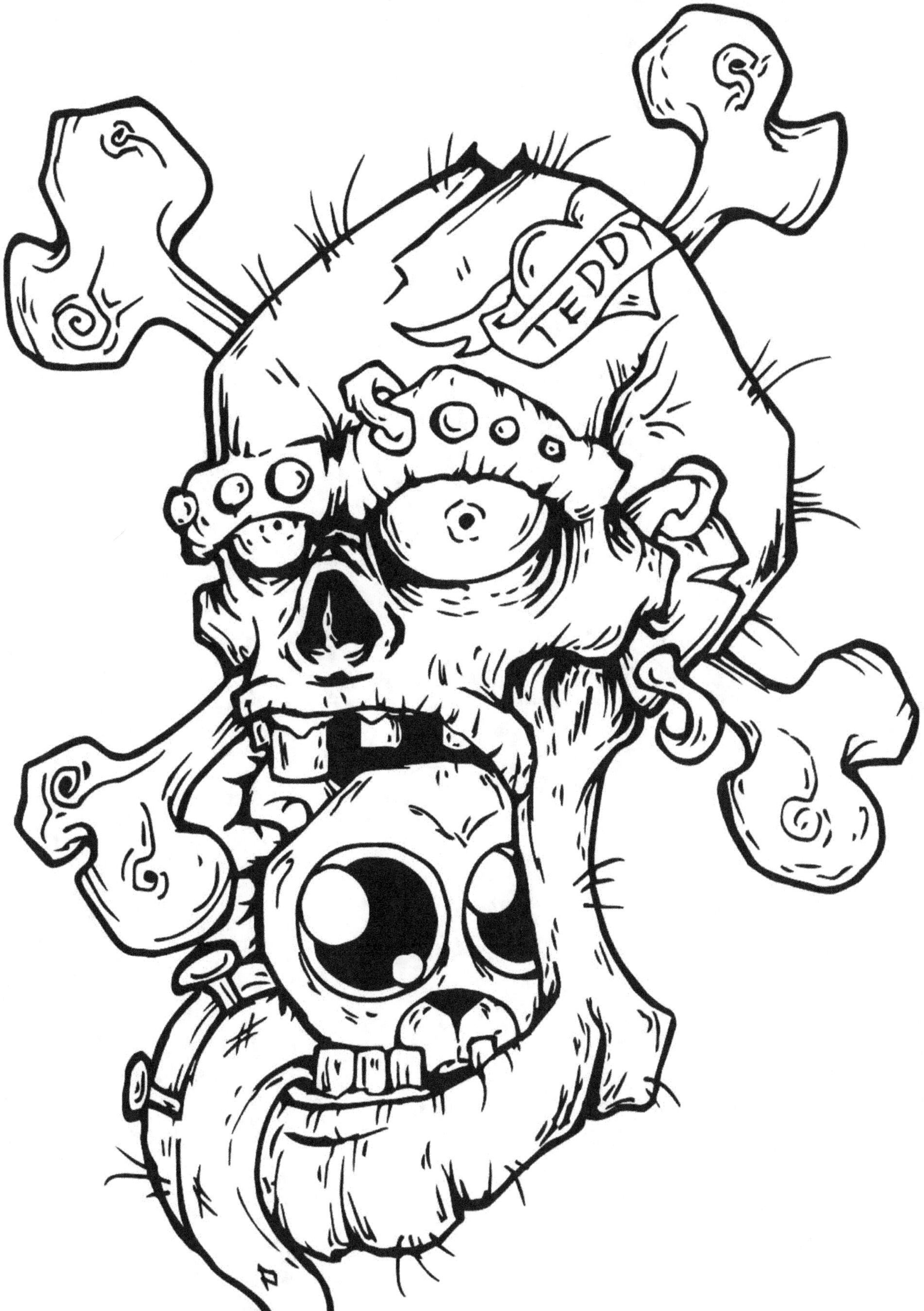
TEDDY

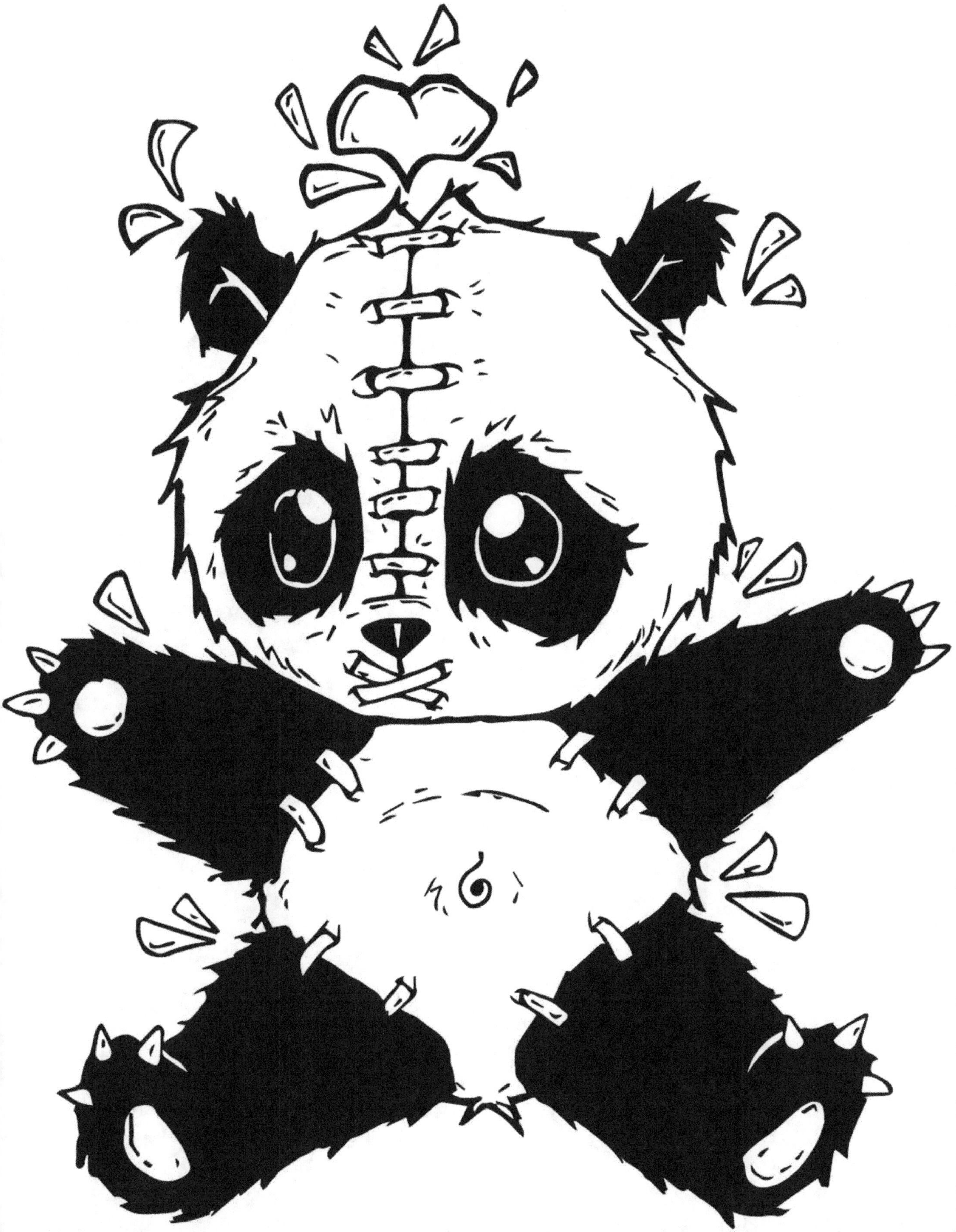

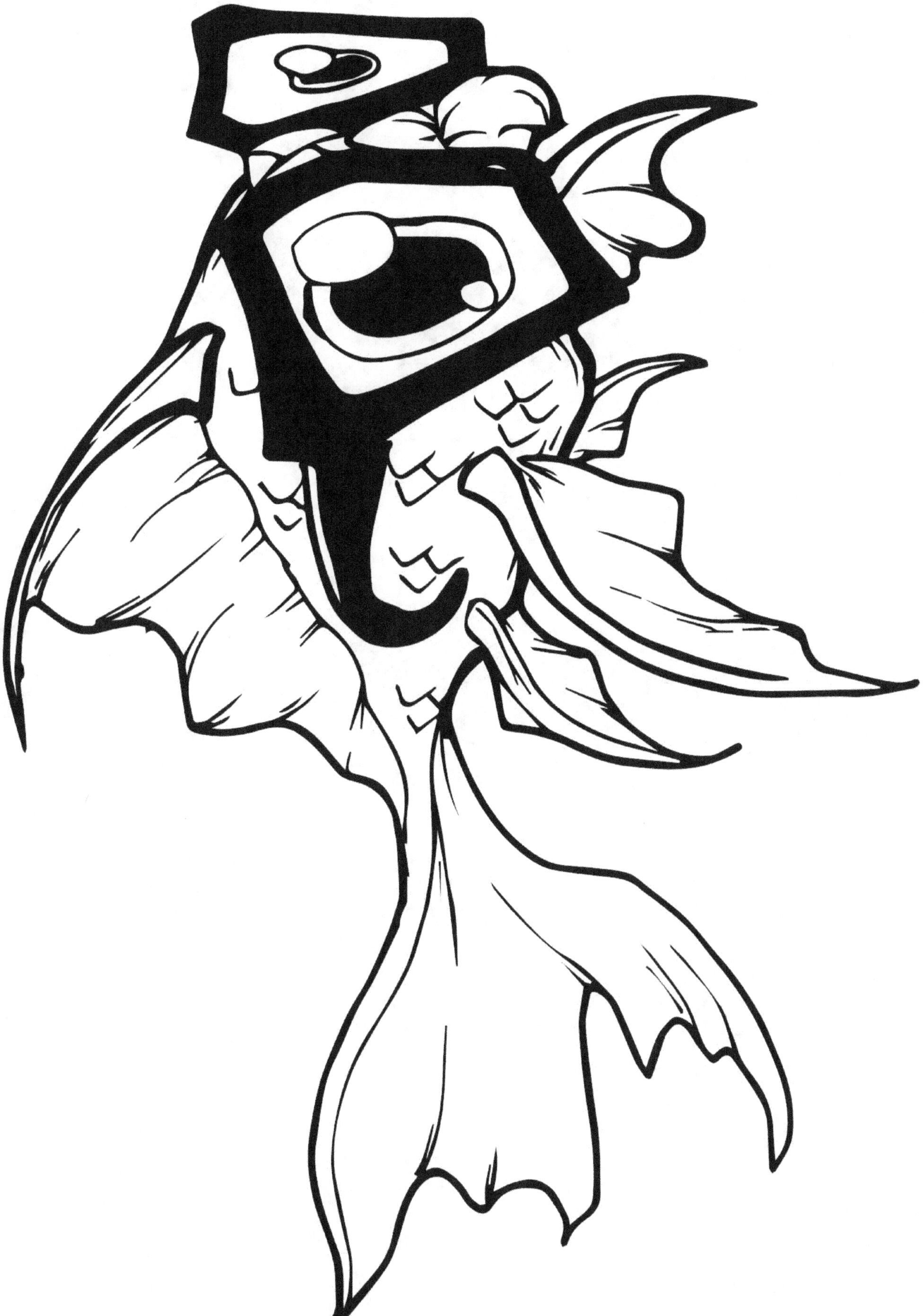

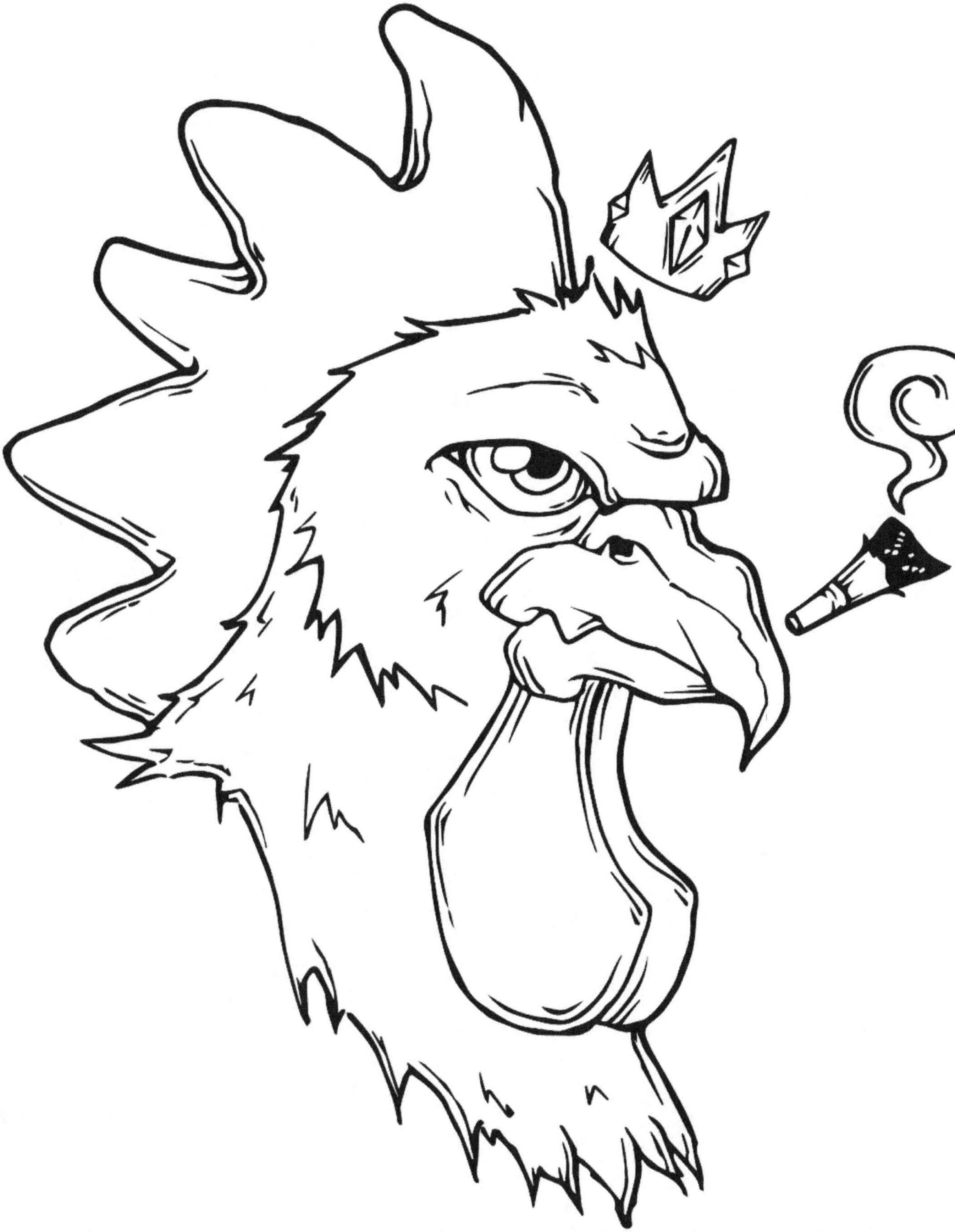

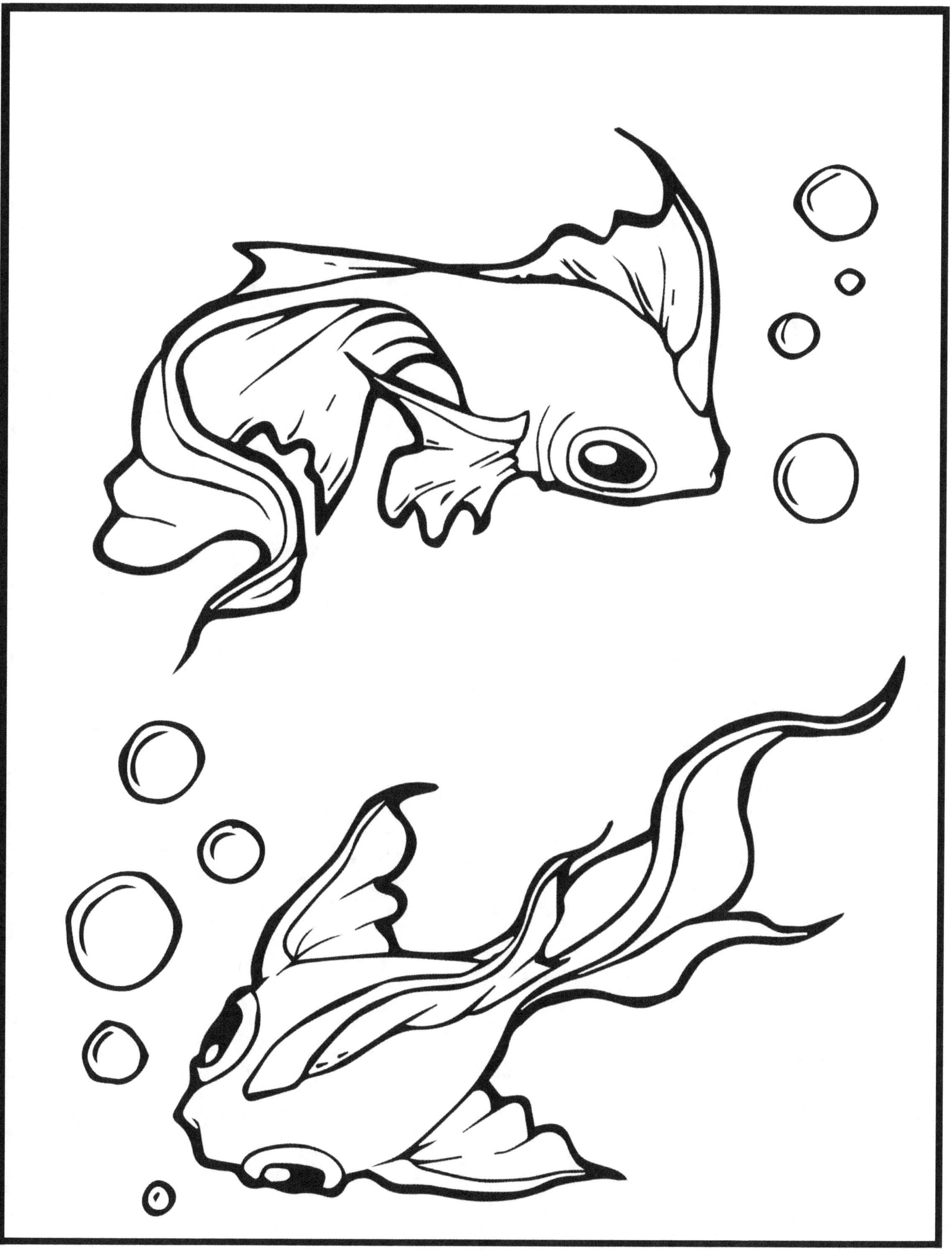

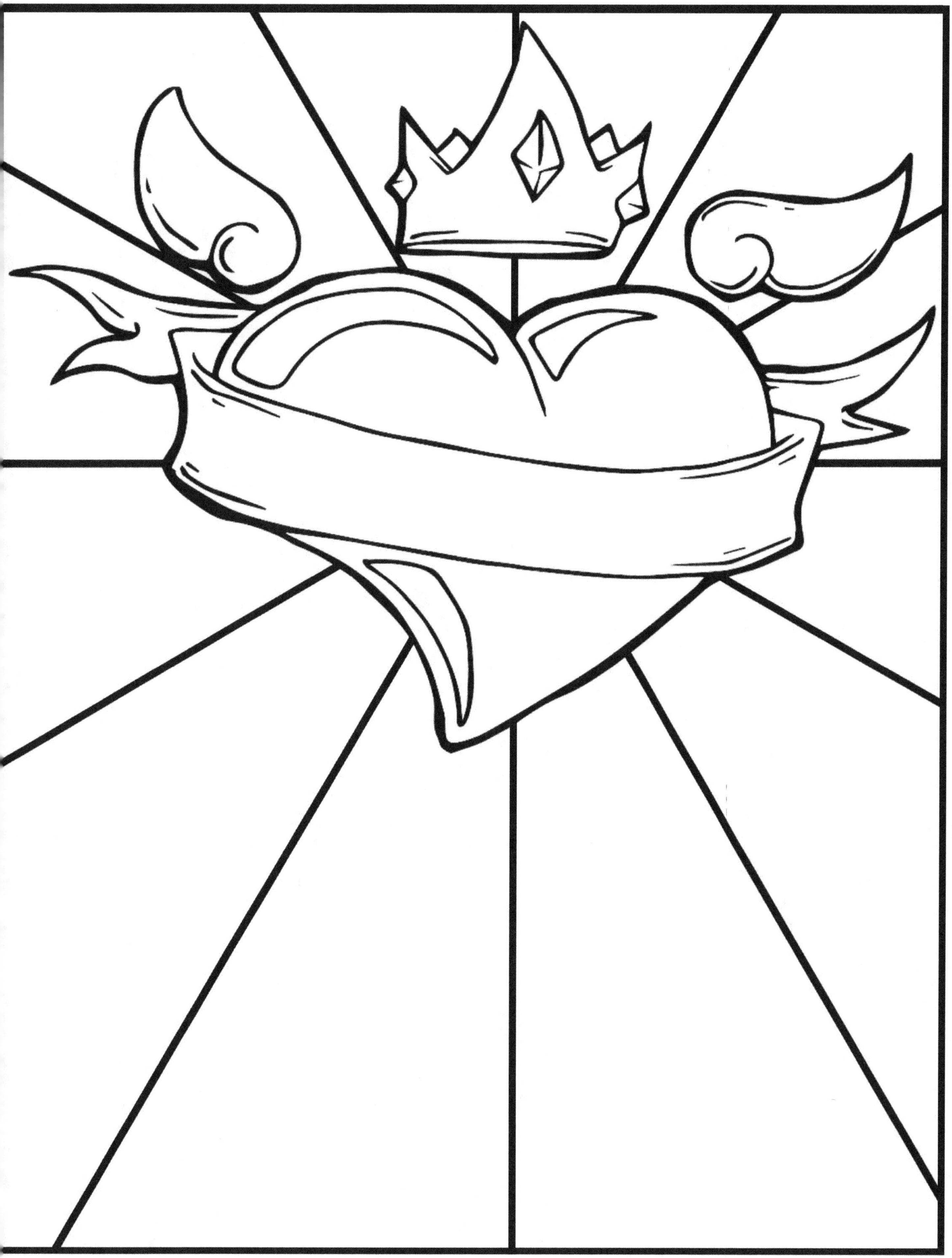

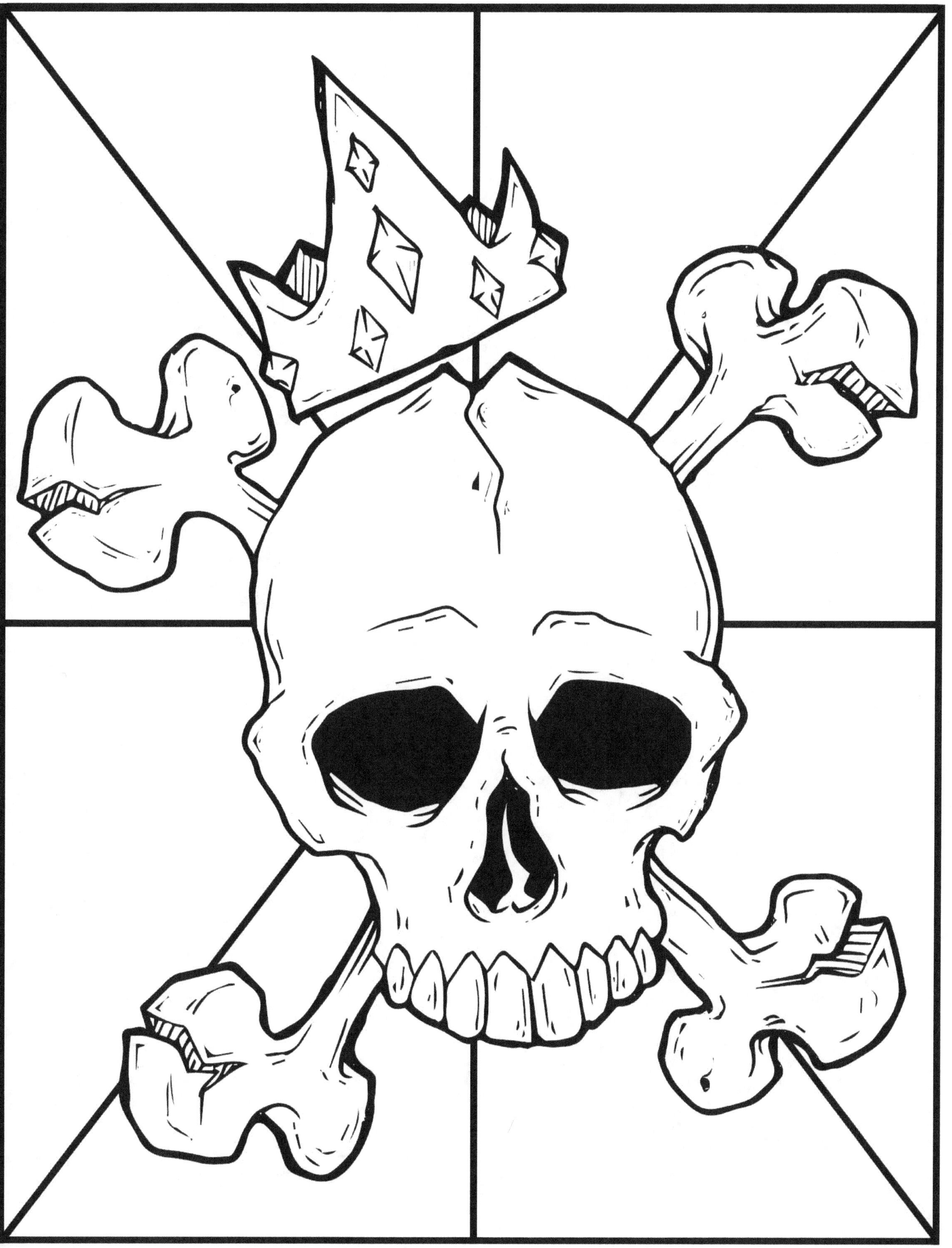

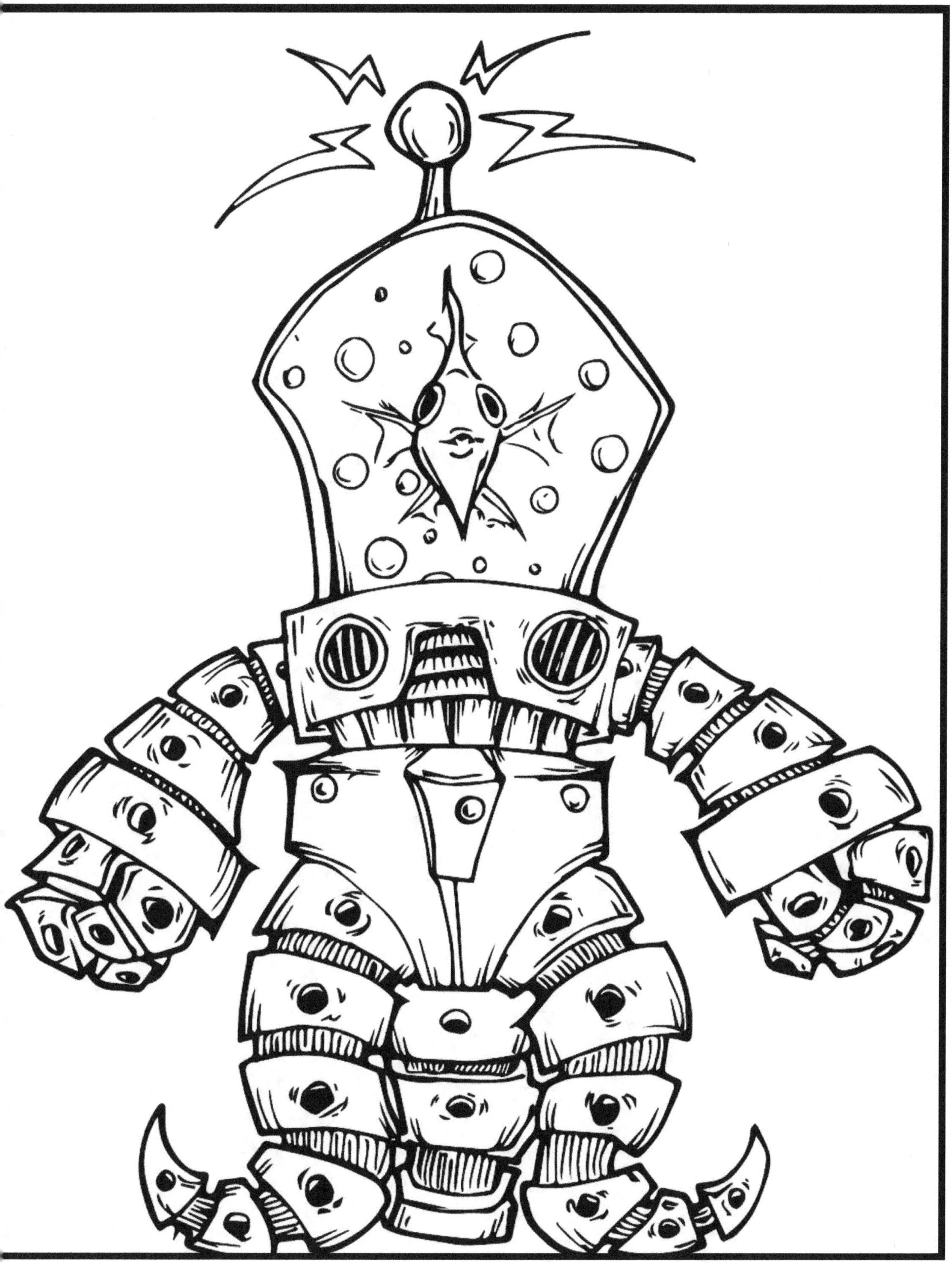

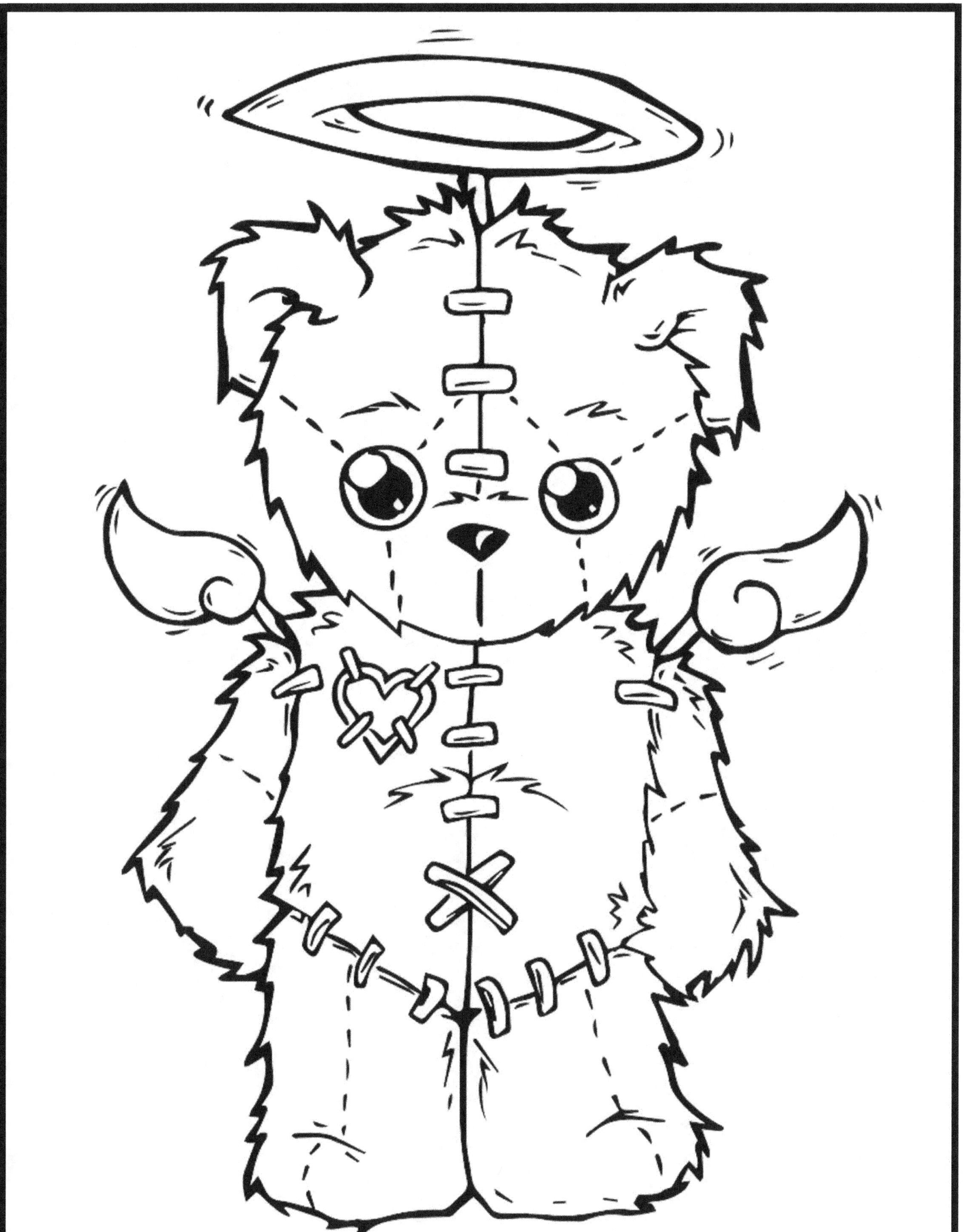

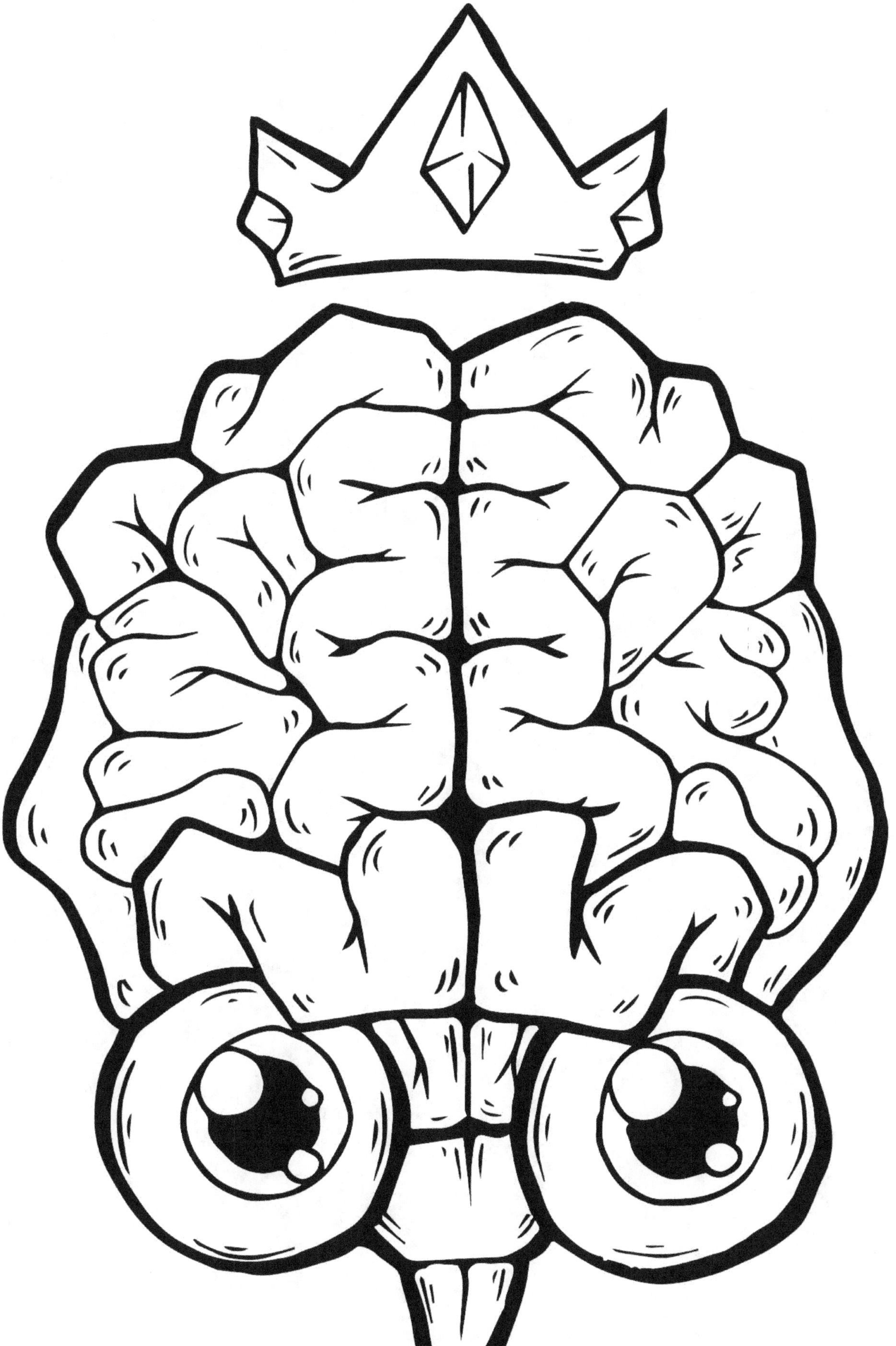

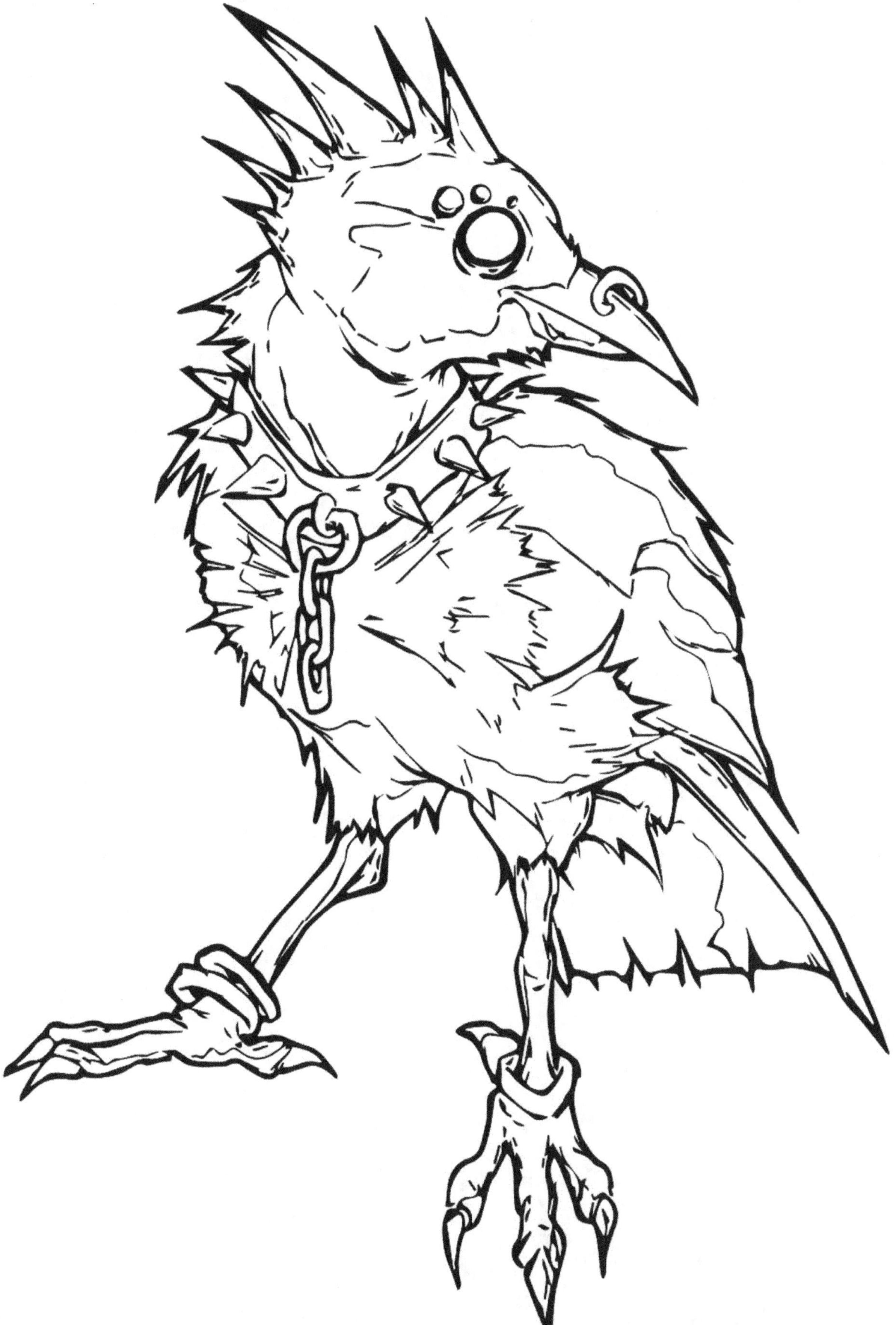

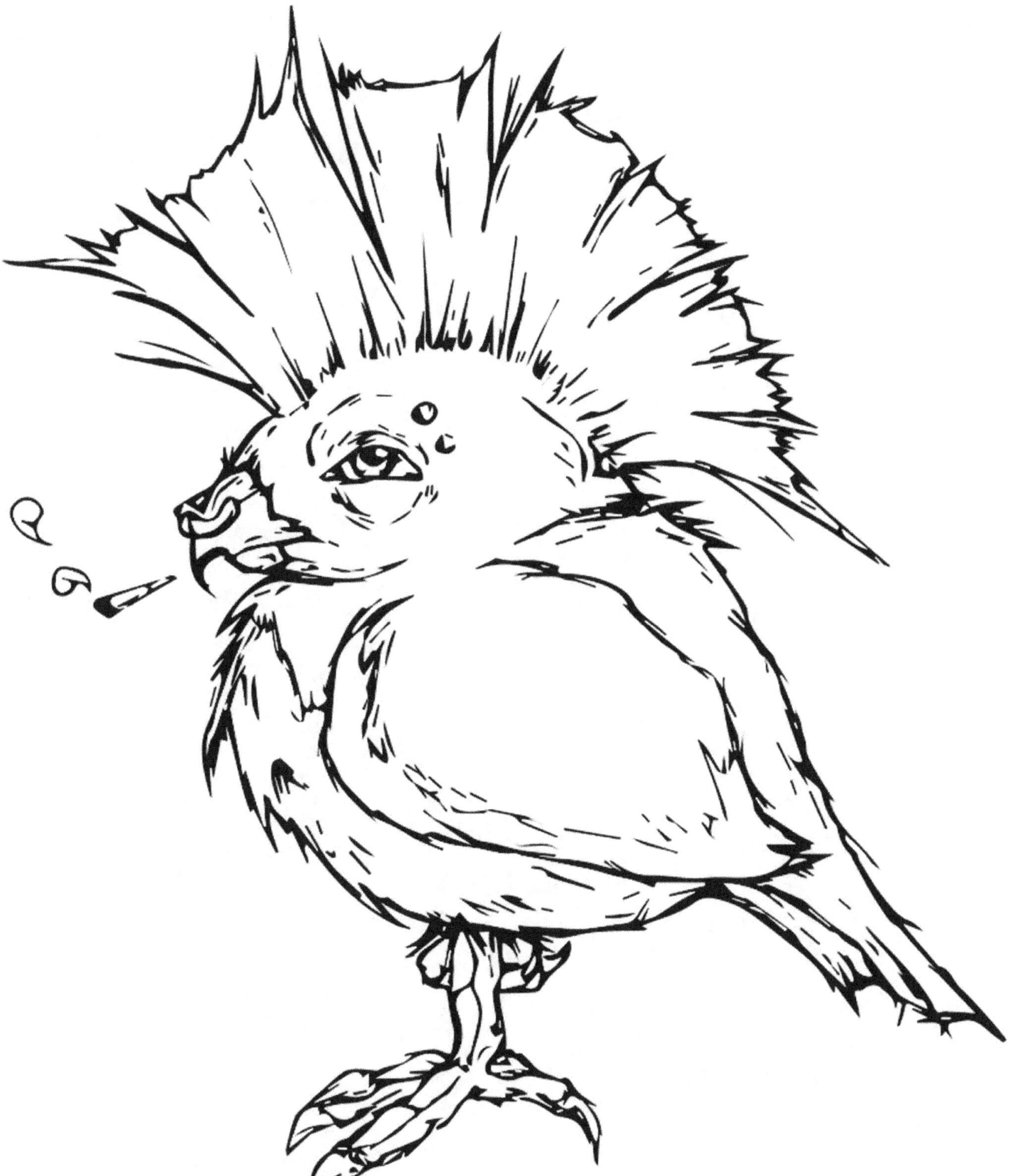

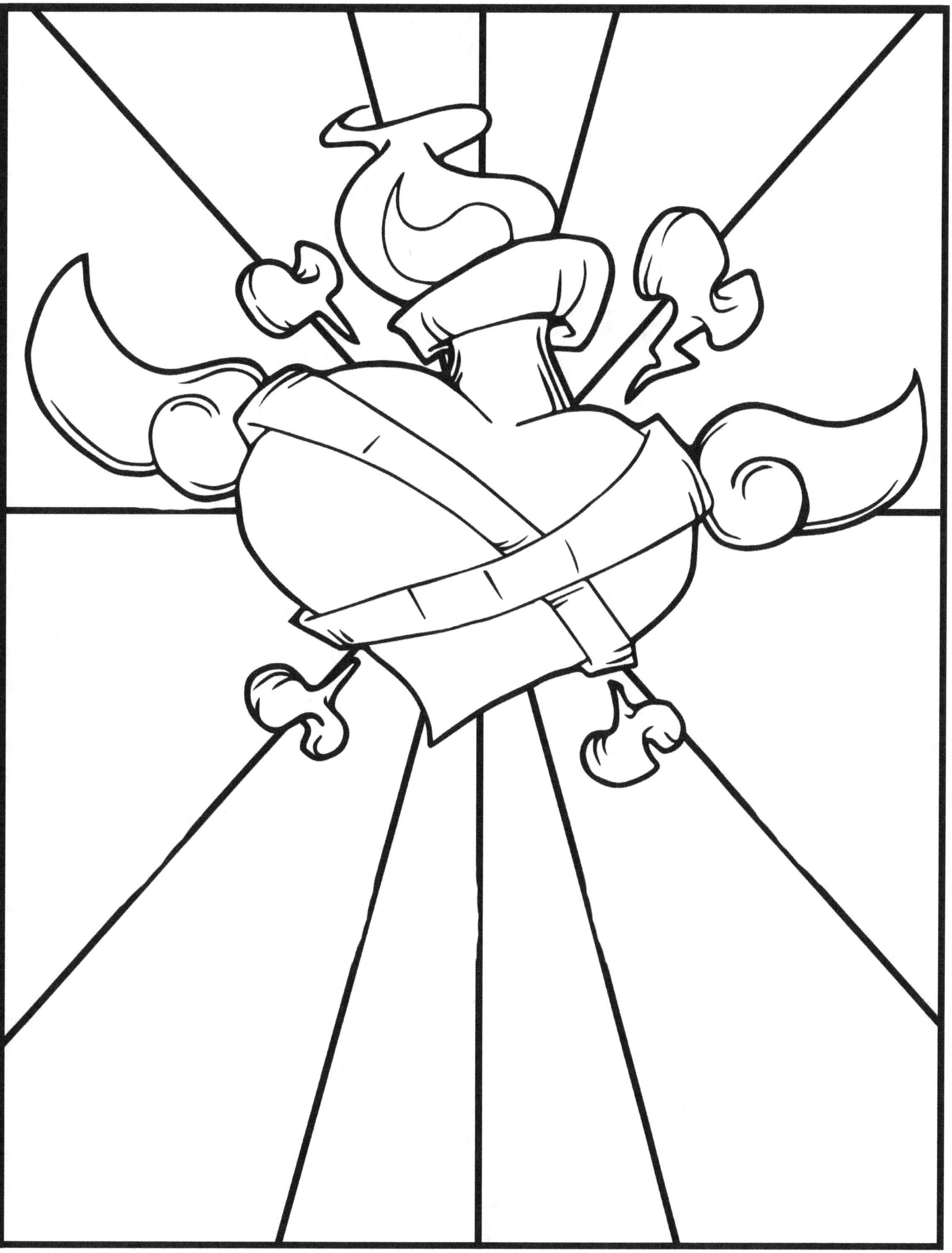

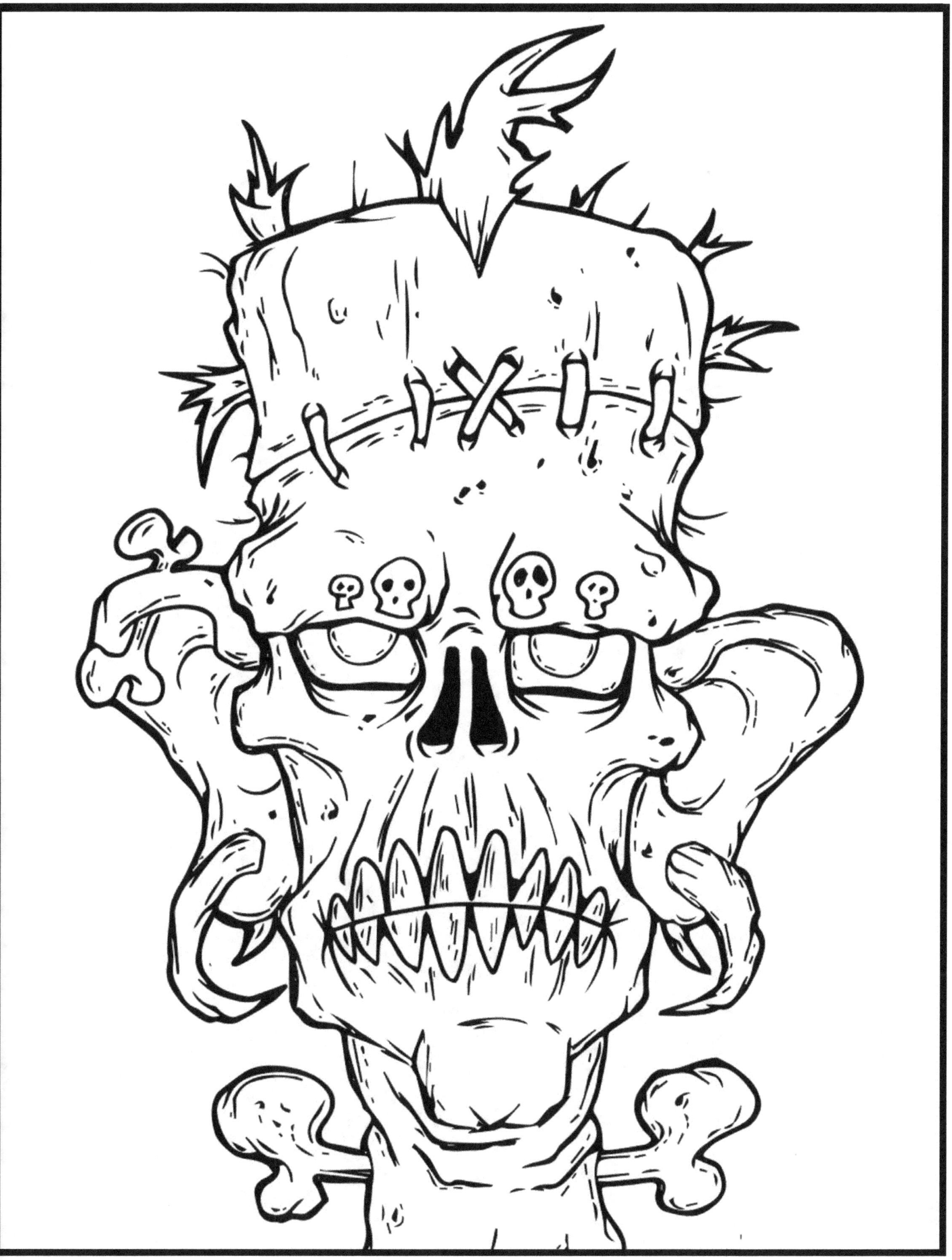

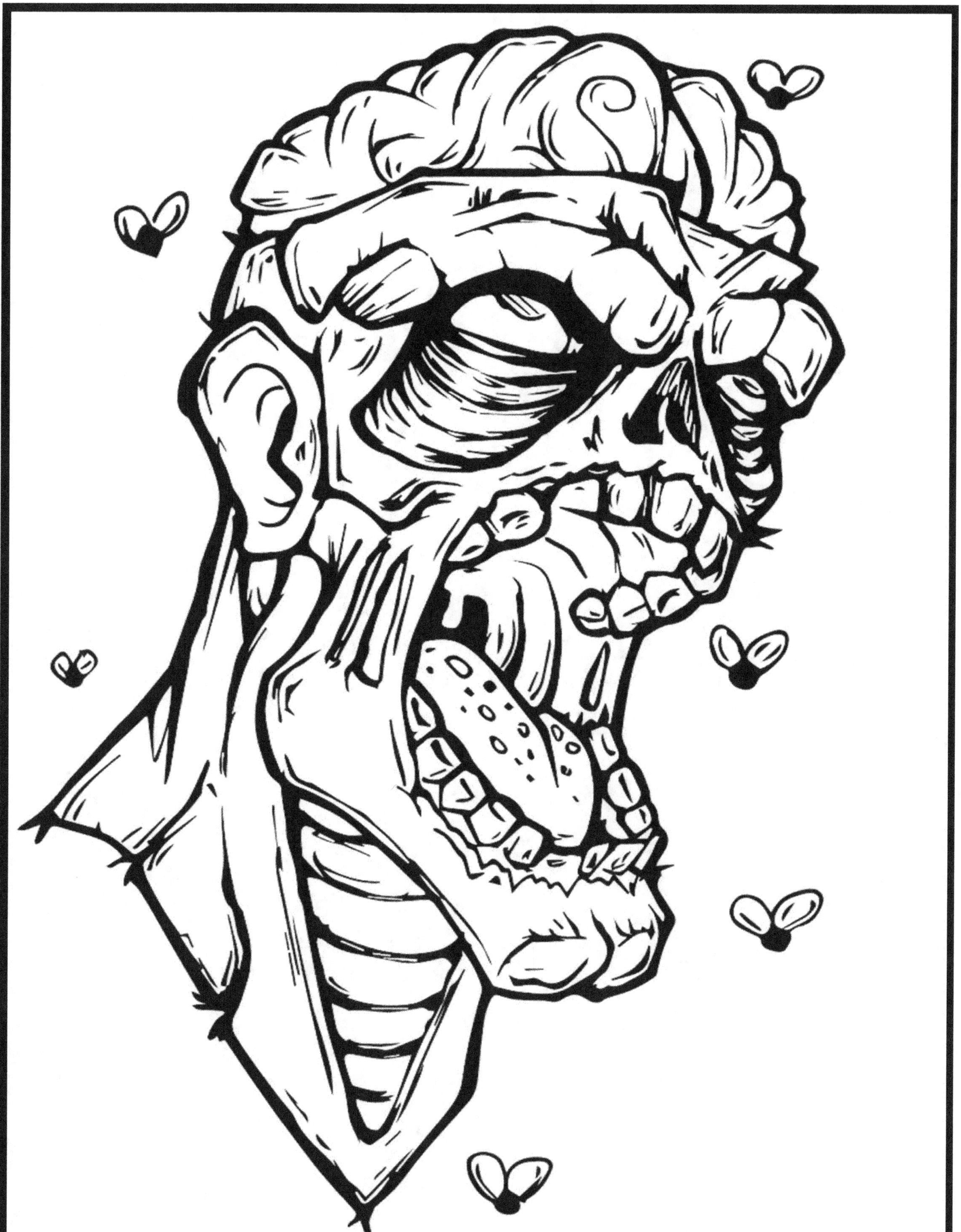

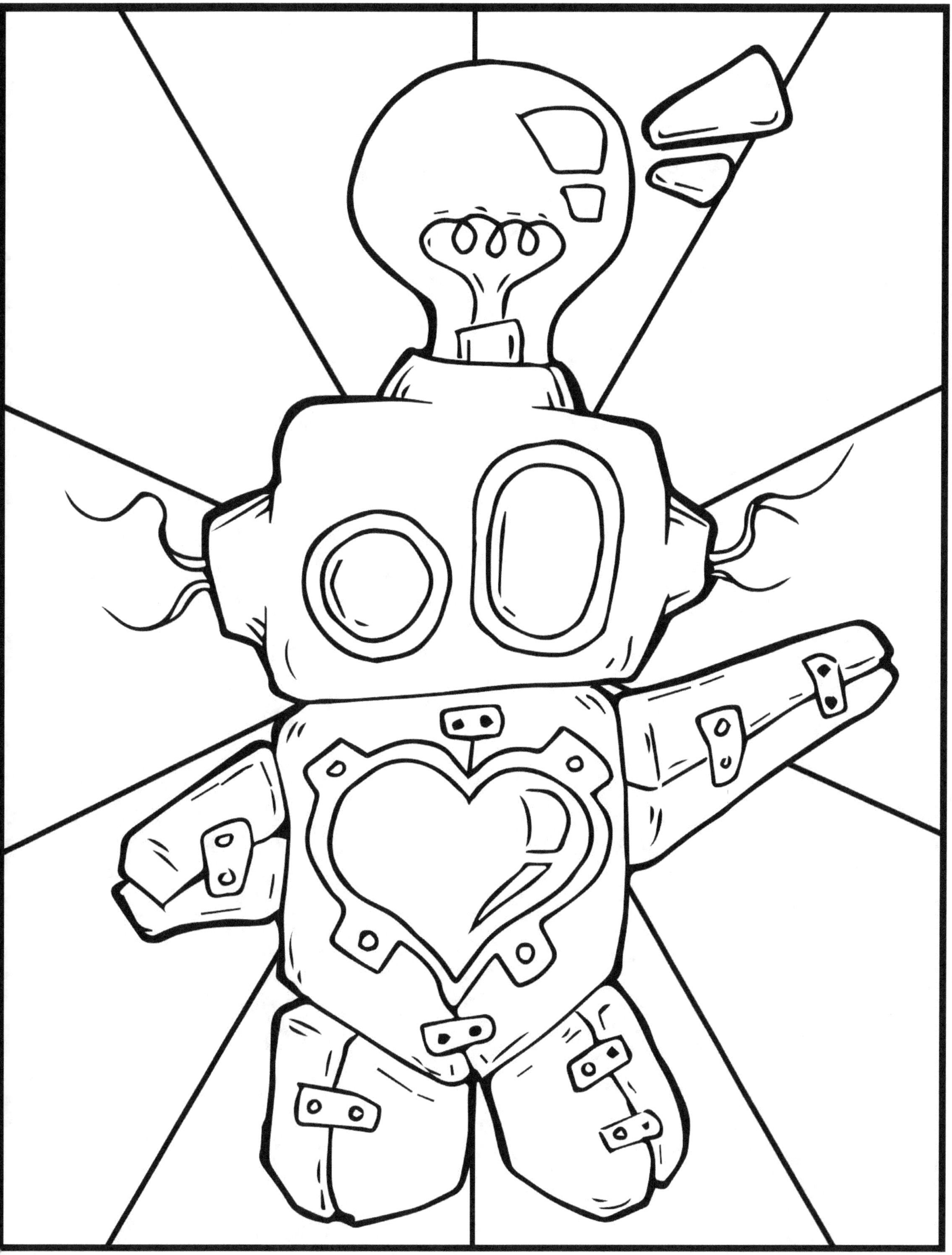

www.ingramcontent.com/pod-product-compliance
Lightning Source LLC
Chambersburg PA
CBHW081314170526
45166CB00011B/3525